Invisible Reality

(1917–1920, 1924)

LA REALIDAD INVISIBLE

(1917–1920, 1924)

LA REALIDAD INVISIBLE

(1917–1920, 1924)

Invisible Reality

(1917–1920, 1924)

By Juan Ramón Jiménez

Introduction by Louis Simpson

Translation by Antonio T. de Nicolás

 PARAGON HOUSE PUBLISHERS

New York

Published in the United States by
PARAGON HOUSE PUBLISHERS
2 Hammarskjöld Plaza
New York, New York 10017

Library of Congress Cataloging-in-Publication Data

Jiménez, Juan Ramón, 1881–1958.
 Invisible Reality.

  Translation of: La realidad invisible.
  I. De Nicolás, Antonio T., 1932– . II. Title.
PQ6619.I4R3513 1986   861'.62   86–25143
ISBN 0-913729-34-5

TABLE OF CONTENTS

I. INVISIBLE REALITY

II. BELOVED OLD AGE

III.   INVISIBLE REALITY: 2

APPENDIX

ACKNOWLEDGMENT

Louis Simpson helped to make the invisible reality of this book more clearly visible.

TRANSLATOR'S DEDICATION

Like two shooting stars
our wills crossed
through tunnels of
flesh
leaving a trail of
light in the humans
we touched
our passage
too fast to stay
within the orbit of
one single embrace
condemned to fly
from door to door
breaking through
the house
finding no home
until we came
face to face
in the dark sky
and broke the night
into a rain of
light
that came down on
the earth
as the trembling
seeds of
a forest of memories.

INTRODUCTION

The poetry of *God Desired and Desiring* bore witness to Juan Ramón Jiménez's wrestling with God. *Invisible Reality* is the song of a man who has come through.

> Unique birds sing,
> I know not if on these trees
> or on those of the other shore . . .

For many people, especially if they have been brought up in a culture with a strong Puritan component, the idea of spiritual life being "real" requires an extraordinary effort—it goes against the grain. The ideal of a soul, eternity, and heaven, requires a trying-to-believe—in short, "religion." One thinks of Sundays and long, boring sermons. Poets in this tradition who have spoken of spiritual life have done so against the odds—they have felt obliged to "justify the ways of God to men" by glorifying God. For this reason Samuel Johnson thought that poetry should not be written on religious subjects—it must inevitably belittle the subject. But suppose the poet is not trying to persuade? Suppose he is not concerned with "religion," but is expressing his joy in the universe? The heaven Juan Ramón speaks of is not something to be believed in, it is all around us. Like Blake, he sees "a World in a Grain of Sand/And a Heaven in a Wild Flower."

Reality is not in another, distant place where we shall go when we are dead. We shall not reach Paradise by divesting ourselves of our senses and everything we have loved and cherished on earth. The "invisible reality" is also visible; it has a sky, clouds, leaves, earth, earthquakes, winds, fires, and storms.

This poetry is the opposite of the way of thinking that divorces earth from heaven and body from soul, that drove Adam and Eve out of Paradise and speaks of the world as a vale of suffering. In *Invisible Reality* the body is a universe.

> I am the center of my immense world,
> you, the center of yours.

The bodies of lovers are

> Two universes ...
> mutually penetrating
> with a desire for two eternities.

Jiménez speaks of his debt to Rimbaud. Rimbaud was a visionary, not a symbolist poet—the things he saw with the mind's eye were as real as things perceived with the other senses. "I saw plainly," Rimbaud tells us, "a mosque standing in the place of a factory, a school with drums being beaten by angels, carriages on the roads of heaven, a drawing-room at the bottom of a lake." Rimbaud does not intend his visions to have a hidden, ulterior meaning— they are to strike us as realities. And so it is with the poetry of Jiménez:

> The air extends bridges
> from everything to everything else;
> and the heart walks up and down on them in peace ...

These bridges are bridges, not figures of speech. Jiménez inhabits a universe of direct perception. His phrase for this kind of writing is "poesía desnuda," or naked poetry.

Our poets hardly know how to write without using similes and metaphors; if they imagine a thing they must compare it to another thing that has a tangible, physical reality. This is the result of a way of thinking that separates matter from spirit. But "poesía desnuda" sees the two as one, as in experience we perceive them to be. Who that has ever loved does not know that body and spirit are one? In a poem by Jiménez the soul is "a rose in the park"— not "like" a rose, but the thing itself. The unusual proposition brought forward in this poetry is that matter is imbued with meaning and we are already living in eternity.

The idea may be so obvious that we cannot see it—or hard to accept, for it makes a demand upon us—we are required to feel that we are alive. "Real life" is not a four-star hotel, El Paradiso, to which we shall come after a lifetime of denying the joy and beauty of the world and believing certain propositions in spite of the evidence of our senses. Instead, we are required to cooperate here and now in the making of reality,

> to make
> from the immense dark sky
> our immense, lighted joy.

Visionary poets, "Those who have crossed/ With direct eyes," prefer to use direct language. As I have said, our poets reason about spiritual matters—they find the going hard and are compelled to use all their ingenuity in order to persuade. One thinks of the poetry of John Donne and other English metaphysical poets with their "combination of dissimilar images, or discovery of occult resemblances." Poetry of this kind, depending as it does on astonishing imagery and remarkable turns of wit, can be translated without much loss—the ingenuity remains. It is different with "naked poetry" which consists of emotion expressed in plain, conversational words. Consider these lines by Jiménez:

> El olor de una flor nos hace dueños,
> por un instante, del destino . . .

The words "flor" and "destino" have a resonance in Spanish that they cannot have in English—they require a reader who resonates to these particular sounds. In Spain these words might be used in conversation with a certain emotion. In an English-speaking culture the word "flower" only conjures up an object—it has no emotional aura. The word "destiny" would not be used in English conversation. We do not speak of ourselves as having a destiny. The word would be too passionate, even somewhat ridiculous.

It would be a mistake, however, in translating Jiménez to substitute picturesque words for simple ones, in the hope of making the English sound as passionate as the Spanish. When translators make these substitutions it is the translator's thought-associations that are transmitted rather than the poet's. A translator's first obligation is to render the meaning of the original accurately. If felicities occur in the translation, so much the better. The poetry of Jiménez is transparent . . .

> What if your memory of me
> were like this blue sky
> in May . . .

and the translation, too, must be transparent.

But transparency isn't enough—the poet's emotion must come through. The force of "naked poetry" is not due to the absence of decorative language but the presence of emotion. Poets who have tried to imitate Jiménez by imitating his bare style have failed to grasp the essential thing, the intensity of his emotion. The translator of *Invisible Reality* must be able to convey this, must himself be a poet, and Antonio de Nicolás is one. Not only is he familiar with the world Jiménez describes, he draws his own poetry from the same source, an intense communion with earth, sea, and sky.

LOUIS SIMPSON

TRANSLATOR'S NOTE

La Realidad Invisible was written by Juan Ramón Jiménez between 1917 and 1923. But the book was never published and even its existence was unknown to the poet's admirers, although it was mentioned in *Poesía y Belleza* (1923). In 1970, while Professor Antonio Sánchez Romeralo was working in the Sala Zenobia-Juan Ramón of the University of Puerto Rico, at Río Piedras, he rediscovered the manuscript, the poet's unmistakable handwriting flowing over yellowed pages, tied together in small bundles with silk ribbons of mauve, yellow, green, and pink. Professor Sánchez spent several years preparing the first Spanish edition of this work which did not appear until 1983, published by Tamesis Books Limited, London.

The present translation is based on this first and only edition of *La Realidad Invisible*. The English reader is thus given a first reading of one of the most mature works of a Nobel poet suddenly so close to us that death seems almost unable to distance the sound of his living voice.

ANTONIO T. DE NICOLÁS

I

La Realidad
Invisible

I

Invisible Reality

PATRIA

¿De dónde es una hoja
trasparente de sol?
—¿De dónde es una frente
que piensa, un corazón que ansía?—
¿De dónde es un raudal
que canta?

HOME LAND

A leaf, transparent
with sun, where is it from?
   A forehead that thinks,
   a heart with a wish,
   a river that sings,
where are they from?

Hablaba de otro modo que nosotros todos,
de otras cosas, de aquí, mas nunca dichas
antes que las dijera ella. Lo era todo:
Naturaleza, amor y libro.

Como la aurora, siempre,
comenzaba de un modo no previsto,
¡tan distante de todo lo soñado!
Siempre, como las doce,
llegaba a su cenit, de una manera
no sospechada,
¡tan distante de todo lo contado!
Como el ocaso, siempre,
se callaba de un modo inesperable,
¡tan distante de todo lo pensado!

¡Qué lejos, y qué cerca
de mí su cuerpo! Su alma,
¡qué lejos y qué cerca
de mí!

       . . . Naturaleza, amor y libro.

She used to talk in a different way from us all,
of things that were from here, but never said before
she mentioned them. She was everything:
Nature, book and love.

   She would start always, like the dawn,
in an unforseen way,
so distant from everything dreamt!
She would reach her zenith, always,
like twelve o'clock, in a way
never suspected,
so distant from everything narrated!
She would keep silent, like the sunset,
in an unexpected way,
so distant from everything thought!

How distant, and how close
to me her body was! Her soul,
how distant and how close
to mine!
Nature, book and love.

¡Cómo la luz del día
se me entra por los ojos, hasta el alma!
Mi cueva se deslumbra,
pobre como es, de gloria,
y parece colgada de oro vivo.

　Y mi alegría sale
de ella, como una hija
bella, desnuda, libre,
en el raudal contento de mi cante,
que se lleva la aurora al infinito.

How the light of day
penetrates through my eyes to my soul!
My cave is dazzled,
as poor as it is, with glory
and seems suspended from living gold.

And my joy comes
out of her like a beautiful
daughter, naked, free,
in the happy stream of my song
that carries the dawn with it to infinity.

CHOPO

Arriba, canta el pájaro,
y abajo, canta el agua.
Arriba y abajo,
se me abre el alma.

Mece a la estrella el pájaro,
a la hoja mece el agua.
Arriba y abajo,
me tiembla el alma.

POPLAR TREE

Up there the bird is singing
and down here the water.
Up there and down here
it is my soul that opens.

The bird rocks the star,
the water rocks the leaf.
Up there and down here
it is my soul that trembles.

INVIERNO

Vamos, callados, por el parque frío,
que la niebla hace ignoto, inmenso, estraño.
¡Qué solo todo ¡ay! y nosotros dos!

    —Silencio. Ceguedad. Silencio.—

De pronto, el sol difuso
—¡oh, dónde estaba el sol!—
de un azul instantáneo de ocaso,
nos da a todo—¡qué ardiente confusión!—
la espectral compañía de la sombra.

WINTER

We walk, in silence, through the cold park,
the fog making it unknown, immense, strange.
How alone everything is, and the two of us!

      —Silence. Blindness. Silence.—

Suddenly a foggy sun,
—O, where was the sun?—
with the instant blue of the sunset,
gives to everything—what burning confusion!—
the spectral company of the shade.

DESVELO

Se va la noche, negro toro
—plena carne de luto, de espanto y de miste-
que ha bramado terrible, inmensamente, [rio—,
al temor sudoroso de todos los caídos;
y el día viene, niño fresco,
pidiendo confianza, amor y risa,
—niño que, allá muy lejos,
en los arcanos donde
se encuentran los comienzos con los fines,
ha jugado un momento,
por no sé qué pradera
de luz y sombra,
con el toro que huía.—

UNABLE TO SLEEP

Night is leaving, black bull
—full flesh in mourning, in fright, in mystery—
bellowing terribly, immensely
to the sweating fears of all those lying down;
and day comes, fresh child,
asking for trust, love and laughter,
—child who, far away over there,
in the hidden places where the
beginnings and the ends meet,
has played for a moment,
in an unknown meadow
of light and shade,
with the bull as it runs away.—

TRISTEZA

Un día, vendrá un hombre
que, echado sobre ti, te intente desnudar
de tu luto de ignota,
¡palabra mía, hoy tan desnuda, tan clara!;
un hombre que te crea
sombra hecha agua de murmullo raro,
¡a ti, voz mía, agua
de luz sencilla!

SADNESS

My word, today so naked, so clear,
one day a man will come
lie down over you
and try to remove
your mourning gown of oblivion!;
a man who will think of you
as a shadow turned to water with a strange murmur,
you, my voice, water
of simple light!

¿Nada todo? Pues ¿y este gusto entero
de entrar bajo la tierra, terminado
igual que un libro bello?
¿Y esta delicia plena
de haberse desprendido de la vida,
como un fruto perfecto, de su rama?
¿Y esta alegría sola
de haber dejado en lo invisible
la realidad completa del anhelo,
como un río que pasa hacia la mar,
su perene escultura?

Is everything nothing? Then, what of this complete joy
at going under the earth, fully finished
like a beautiful book?
And this full delight
at seeing oneself detached from life
as a perfect fruit from its branch?
And the solitary happiness
at having left in the invisible
the complete reality of desire
like a river parading towards the sea
its perennial sculpture?

Canción; tú eres vida mía,
y vivirás;
y las bocas que te canten,
cantarán eternidad.

Song, you are my life
and you will live;
and the throats singing your song
will sing eternity.

¡Un cielo,
donde no se supiera
lo que es norte ni sur,
lo que es aurora ni poniente;
un cielo igual, en su jemela luz,
en su color idéntico, en su belleza sola,
con la inquietud—¡ay, inquietudes!—
unificada en el cenit!

A sky
where neither north nor south,
dawn or sunset
could be traced;
an even sky with twin lights,
identical colors, a single beauty;
desire alone—desires!—
marking the zenith!

¡Noche; lago tranquilo,
donde miente mi vida
su eternidad, copiando
su día fugitivo inmensamente; donde
mi corazón está, entre las estrellas,
copiado, como entre la copia
—cercana e imposible—
de un almendral en flor en un remanso!

   —¡Perpetua amiga, sin los celos ni la envidia
de nadie de los días, noche!—

   ¡Noche, divino espejo,
en que el cuerpo se ve su alma; igual,
profunda redención de todo el hombre; eterna
engañadora, nunca, nunca
infiel a tu mentira
de justicia y belleza!

Night; tranquil lake
where my life makes a lie
of its eternity as it copies
its fugitive day with immensity;
where my heart, among the stars
is copying too
as the copy
—near and impossible—
of a blooming almond tree
on the waters of a pond!

—Night, perennial friend without the envy
and jealousy of anyone in the day!—

Night, divine mirror
where the body sees its soul; the same,
deep redemption of the whole man; eternal
liar, never, never
unfaithful to your lie
of justice and beauty!

SOL PONIENTE

¡Amor; roca en el agua,
Con tu pie en ti, no visto,
con tu frente—pie bello—en el espejo!

SUNSET

Love; a rock in the water,
your foot, unseen,
your forehead—beautiful foot—in the mirror!

LA OBRA

¡Cosas que me has de alumbrar
—vistas siempre, sin ser vistas—;
cosas que tengo que ver
en ti, luz de cada día!

THE WORK

Things you must light up for me
—always seen, never looked at;—
things I must see in you,
light of every day!

ANTEPRIMAVERA

¡Abrazo largo que la tarde
de abril me da, en la casa sola,
con sus brazos de nubes de colores!

—¡Qué bien! ¡Todos se han ido!
¡Toda la casa está en olvido oscuro,
para ella y para mí!—

¡Paseos dulces y olorosos,
por los tranquilos corredores
que dan con sus cristales
a inesperados cielos!

SPRING

The long embrace given to me
in the solitary house
by the April evening
with its arms of colorful clouds!

—What joy! Everyone has left!
The house stays in dark oblivion,
just for her and me!—

Scented and sweet walks
through the peaceful corridors
facing with their windows
unexpected skies!

¡Este afán de soñar
en que pude tener
siempre, menos ahora,
lo que ahora tengo!

This eagerness to dream
of when I could have
for ever, except now,
what I have now!

Tranquilo.
Pero, por dentro, lo mismo
que el remolino de un río,
por encima tan tranquilo,
¡qué martirio—qué peligro—
de corazón retorcido!

Calm,
but inside like
the whirlpool of a river,
on the surface so calm,
what martyrdom,—what danger—
for the tortured heart!

SOL

I

Allá en el fondo
de mi biblioteca,
el sol de última hora, que confunde
mis colores en luz clara y divina,
acaricia mis libros, dulcemente.

II

¡Qué clara compañía
la suya; cómo agranda
la estancia, y la convierte, llena,
en valle, en cielo—¡Andalucía!—,
en infancia, en amor!

III

Igual que un niño, como un perro,
anda de libro en libro,
haciendo lo que quiere . . .
Cuando, de pronto, yo lo miro,
se para, y me contempla largamente,
con música divina, con ladrido amistoso, con fres-
[co balbuceo . . .

y IV

Luego, se va apagando . . .
La luz divina y pura
es color otra vez, y solo, y mío.
Y lo que siento oscuro
es mi alma, igual que
si se hubiera quedado nuevamente
sin su valle y su cielo—¡Andalucía!—,
sin su infancia y su amor . . .

THE SUN

I

There, at the back
of my library
the last sunrays mix
all colors in clear and divine light
while sweetly caressing my books.

II

How clear its
company; how it widens
the room and fully transforms it
into valley, sky—Andalucía!—
infancy, love!

III

Like a child, a dog,
it moves from book to book
doing as it wishes . . .
Suddenly I look at it,
it stops, it stays with me
for a long time,
with a divine music,
a friendly bark,
a fresh babbling . . .

and IV

Slowly it dies down . . .
That divine and pure light
becomes color again, all alone, all mine.
Now I feel the darkness
in my soul, as if it had just lost
its valley, its sky—Andalucía!—
its infancy, its love . . .

PENA

¡Llanto en la noche inmensa y negra;
llanto—¿de quién? ¿por qué?—que no te
parar;   [puedes
que te vas, sollozando, como un río a un mar fu-
                                    [nesto, oscuro,
de fondos ignorados, de playas infinitas,
sin poderte parar!

SORROW

A cry in the immense and black night;
a cry—from whom? why?—unable to stop;
it sobs and moves like a river towards a fatal and dark sea
with unknown depths and infinite beaches,
unable to stop!

En ese instante,
ya no existen los cuerpos; son las almas
las que se ansían, las que quieren verse,
penetrarse sin fin.

          Y no se acaba
nunca el afán, porque el dominio
de su fuego es la órbita
del alma: el universo.

  ¡Dos universos
—¡oh imposible posible del amor!—
compenetrándose,
en un afán de dos eternidades!

  ¡Y se salen las almas abrazadas,
y se van; y se quedan
los cuerpos, separados, fríos, muertos!

At this very instant
bodies have ceased to exist; there are only souls
that long for each other, want to see each other,
penetrate each other without end.

                              And this desire

never ends, for the power
of its fire is the orbit
of the soul: the universe.

Two universes
—O impossible possibility of love!—
mutually penetrating
with a desire for two eternities!

Both souls come out embracing
and depart; two bodies remain,
isolated, dead, cold!

¡ALEGRÍA!

Tengo en mí
—¡alegría!—
serlo todo
—aunque ello no quiera—,
comprendiéndolo.

   —¡Y sí quiere
= ¡alegría! =
porque la comprensión hace inclinar a todo
la frente dulce,
caer en una entrega de regazo.—

   ¡Comprensión, amor hondo,
amor perfecto y solo,
—¡alegría!—,
amor intelijente,
amor irresistible!

JOY

I have in me
this desire
—joy!—
to become everything
—though it might not want me—,
by understanding everything.

—But yes, it wants me
—joy!—
for understanding makes everything
bow its sweet forehead
and come down in surrender as the womb surrenders.—

Understanding, deep love,
perfect and solitary love,
—joy!—
intelligent love,
irresistible love!

CANCIÓN

No morirá tu voz, tu voz, tu voz, tu voz . . .
Tu voz seguirá siempre resonando
—ceniza tú en la tierra de la vida—,
tu voz seguirá siempre resonando
—tu voz, tu voz, tu voz, tu voz—
por la bóveda inmensa de la noche;
tu voz seguirá siempre resonando
por la bóveda inmensa de mi alma,
—tu voz, tu voz, tu voz, tu voz, tu voz—,
con ecos májicos de estrellas . . .

SONG

Your voice will never die, your voice, your voice, your voice . . .
Your voice will continue to sound for ever
—ashes in the soil of life—,
your voice will continue to sound for ever
—your voice, your voice, your voice, your voice—
through the immense vault of the night;
your voice will continue to sound for ever
through the immense vault of my soul,
—your voice, your voice, your voice—,
like the magic echoes of the stars . . .

Yo, centro de mi mundo inmenso.
Tú, de tu inmenso mundo,
centro.

  ¡Qué inmenso penetrarse
de tantas cosas dobles y distintas,
hasta encontrarnos ambos, como uno, de los dos en
                                          [medio!

I am the center of my immense world,
you, the center of yours.

What an immense penetration
of so many double and different things,
until we both meet, as one, out of the two in between!

NOCTURNO

¡Qué bello el dentro y el fuera
de la casa, cuerpo y alma
trocados!—¿no da lo
    mismo?—

¡Dentro, el desnudado amor,
rosa de fuego y de afán.
Fuera, la pared
—todas las puertas cerradas—,
radiante de luna verde!

NOCTURNAL

How beautiful the inside and the outside
of the home, transformed into body
and soul!—Is it not the same?—

Inside, undressed love,
rose of fire and desire.
Outside, the wall
—all doors closed—
shining under a green moon!

Vinimos ¡ay! a nuestros dos más cercas,
de nuestros dos más lejos,
pasándonos, cada uno,
del otro, y de nosotros,
en nuestro penetrarnos.

Mas, en este abandono de los dos
en lo dos, ¿qué nos dábamos?;
el brazo de la cruz de nuestro cruce,
¿qué flores y qué espinas
del camino infinito recojía?

Después, en el descanso
del momentáneo recorrido
—igual que el de la vida
a la muerte—,
¿estábamos los dos en nuestro cielo,
en nuestro purgatorio,
o ¡ay! en nuestro infierno?

We two came closest
from our two distances
passing each other
by each and by both
in our mutual penetration.

Yet, in this abandonment of both
in the two, what did we give each other?;
the arms of the cross of our crossing,
what flowers, what thorns did it gather
in the infinite path?

Later, while resting
from the momentary walk
—the same as from life
to death—,
were we both in our heaven,
our purgatory,
or our hell?

SUEÑOS

¡Te odio a ti en él,
en los jestos de él, tuyos;
a la ti que en él te ama,
a la que tú has hecho tú en él
para que en él te ame,
para que yo te odie, lo odie!
¡Te odio a ti, a ti a quien adoro
en ti y en mí, en él!

DREAMS

I hate you in him,
in his gestures, now yours;
the you that he loves in him,
the you that you made in him,
so that you are loved in him,
so that I hate you in him, hate him!
I hate you, you whom I adore
in you and in me, in him!

Mujer, ¡qué pronto
el muro opaco, fin de la ilusión,
que me pones delante, con tu abrazo,
se hace transparente!

¡Qué poco tiempo
eres el término de mi horizonte!

Woman, how quickly
the opaque wall, the end of the illusion
you place in front of me with your embrace,
becomes transparent!

For how short a time
you become the end of my horizon!

NOCTURNO

¡Oh la noche, la noche toda,
colgada, en clavos de luceros,
de la infinita enredadera
de mi alma!

—¡Oh qué olor a mi alma,
hecha rosas del parque
de la noche eterna!—

¡Oh qué jardín apartar mis rosas [—¿quién?—
yendo, hacia lo infinito,
con la inefable!

NOCTURNE

O, this night, the whole night,
hanging by nails of stars
from the infinite vine
of my soul!

—O, the scent of my soul
turned into a rose in the park
of the eternal night!—

O, what a garden of roses to be parted—by whom?—
climbing toward the infinite
hand in hand with the ineffable!

Cada instante que pasa,
se lleva entero
el secreto, de todo tu tamaño,
¡oh noche azul, hermosa y pura!

. . . ¡Esto era, esto era!
¡Venid tras este instante,
que casi he descubierto!
¡Dejad lo vuestro, esto era!

¡Esto era,
oh noche azul, hermosa y pura!

Every moment that goes by
carries whole
the secret of your whole size,
O, blue, beautiful and pure night!

... This it was, this it was!
Come follow this instant
I have almost uncovered!
Leave your things, this was it!

This was it,
O, blue, beautiful, pure night!

AMOR

¡No, la luz no es de fuera,
sino del corazón;
el corazón es sólo el día,
no el sol, no el sol, no el sol!

El que muere es el mundo,
¡uno no, uno no!;
¡no, la vida infinita no está fuera,
sino en el corazón!

LOVE

No, the light is not from outside
but from the heart;
the heart is only day,
not the sun, not the sun, not the sun!

The world is the one that dies,
not we, not we!;
no, infinite life is not outside,
but in the heart!

ENSUEÑOS

¡Ay, es tan imposible
que yo te tenga en mí,
como que el agua quieta de esta fuente
que refleja la hora dulce y malva,
tenga en sí la campana de la tarde;
campana de la tarde,
que está en la hora, como el cielo;
en la hora que la fuente copia,
y no en la fuente, ay!

DAYDREAMS

It is almost impossible
for me to have you in me,
as it is for the still waters of this fountain,
reflecting the sweet and mauve hour,
to have in them the bell of the afternoon;
the bell of the afternoon,
present in the hour, like the sky;
in the hour that the fountain copies
but not in the fountain!

¡Tú, tan cerca, qué lejos,
con el espacio, enmedio
—nubes, nubes, nubes—,
del cielo azul y gris
de nuestros dos distintos sueños!

You, so close, how distant,
space in between
—clouds, clouds, clouds—,
the gray and blue sky
of our two different dreams!

FUERA

¡Ay, el aire yerto,
campana en el frío,
ojos en la escarcha!

En lo dentro, antes,
la casa era cuerpo,
y el cuerpo era alma.

¡Ay, la blanca tierra,
el silencio, el humo
que al hogar levanta!

Ahora, caminando,
es el alma cuerpo,
la casa es el alma.

OUTSIDE

The rigid air,
a bell in the cold,
eyes on the frost!

Inside, before,
home was a body,
and the body soul.

The white soil,
the silence, the smoke
lifting our home!

Now, as I walk,
the soul is body,
home is the soul.

EPITAFIO IDEAL

(¿Quién?)

¡Abril!, ¿solo, desnudo,
caballo blanco mío de mi dicha?

—Llegó rompiendo, llenos de rocío,
los rosales; metiéndose, despedregando
los pesados torrentes; levantando
—ciclón de luz—los pájaros alegres.—

Tu jadeo, tu espuma, tu sudor
me parece que vienen de otra vida . . .
¡Ven aquí, ven aquí, caballo mío;
abril, abril que vuelves,
caballo blanco mío
de mi perdido amor!

—Mis ojos le acarician, apretándole,
la frente, blanca cual la luna,
con su diamente negro de carbón.—

Abril, abril, ¿y tu jinete bello?,
¡mi pobre amor, abril, mi pobre amor!

IDEAL EPITAPH

(Whose?)

April! Alone, naked,
my own white horse of joy?

—It came breaking down the rose bushes
filled with dew; penetrating, opening the rocks
of the heavy torrents; forcing into flight
—cyclone of light—the happy birds.—

It seems as if your panting, your foam,
your sweat came from another life . . .
Come here, come here my horse;
April, April now returned,
white horse of mine,
of my lost love!

—My eyes caress it squeezing it,
its forehead, white as the moon,
has a black diamond of charcoal.—

April, April, where is your beautiful rider?,
my poor love, April, my poor love!

¡No, si no caben mis horas
ideales en las horas
de mi día material!

¡Si no es posible que corte
la rosa de fuego, hasta
dejarla justa en los límites
que le da el reló implacable!

¡Si mi vida entera es
sólo una hora, y tan sólo
podría la eternidad
ser mi mañana o mi tarde!

No, it is not possible to fit
my ideal hours into the hours
of my material day!

It is not possible to cut
the rose of fire until
we find the exact limits
imposed by the implacable clock!

For if my life lasts only
one hour, eternity can only
become my morning or afternoon!

¡Oh días de colores en la noche:
auroras—dalias de oro con rocío—
del túnel de los sueños;
cenites—techos májicos en llamas—
de la cueva del sueño;
—faisanes contra el ocaso grana—
ponientes de la cárcel del ensueño;
... belleza involuntaria y tarda, siempre
para el desprevenido,
para el desconcertado; vida única!

O colorful days in the night:
dawns—golden dahlias with dew—
of the tunnel of dreams;
zeniths—magic roofs in flames—
of the cave of sleep;
—pheasants against a scarlet sunset—
twilights in a jail of daydreams;
—involuntary beauty now late, always
for the unprepared,
the confused, unique life!

¡Día tras día, mi pluma
—¡cavadora, minadora!—
me entierra en el libro blanco . . .

—¡Ascensión mía, parada
en futuros del ocaso!—

. . . ¡De él, ascua pura inmortal,
quemando el sol de carbón,
volaré refigurado!

Day after day my pen
—ditch digger, cave digger!—
buries me in the white book . . .

—My climb stopped
in the future of the sunset!—

. . . From there, immortal, pure ember
burning the charcoal sun,
I will fly transfigured like a god!

EL SUEÑO

¡—Adiós!

    —¡Adiós!

  Cierras tus ojos.
Cierro mis ojos.

  —Ya somos mundos
independientes,
con cuerpo dentro
= hueso del fruto =
y alma en lo ignoto.
Enmedio, el no
de entre dos astros.—

  ¡Ya no sabemos
comunicarnos!
¡Oh, no eres mía!
¡Ay, no soy tuyo!

SLEEP

Good bye!
            Good bye!
You close your eyes.
I close mine.

—We are now independent
worlds, the body inside
—the bones of its fruit—
the soul in the unknown.
In between the 'no'
of two stars.—

We no longer know
how to speak to each other!
O, you are not mine!
I am not yours!

ROSAS

¡Dejad correr la gracia
del agradecimiento a lo invisible,
larga, toda, sin miedo
de que se os lleve el día de trabajo!

   Ella, como una rosa
magnífica y completa,
no ocupará más cielo, cada día,
que el justo, que es el suyo.
           —Del tamaño
del corazón agradecido y puro,
será = tan grande como el universo =
y tan pequeña como
la necesidad.—

        ¡Sí, dejad, dejad al alma
internarse hasta el fondo celestial
de su deleite estático!
—Cual la rosa, también, llegará a un punto
melodioso, armonioso, insuperable,
en que su aroma se termine
en un fin suficiente de infinito.—

ROSES

Let the grace of gratitude
run to the invisible,
for a long time, whole, without fear
that she will take away your day's work!

She, like a magnificent
and complete rose,
will not occupy, each day,
more space than belongs to her.
                                The size
of a grateful and pure heart
will become as large as the universe
and as small as the need.

Yes, let the soul
penetrate to the heavenly depths
of her ecstatic joy!
—Like the rose, she too, will reach
a melodious point, harmonious, insuperable,
where her scent will end
in the sufficient end of infinity.—

¡Qué bien la casa
conmigo;
como un cuerpo gustoso
con su corazón!

—Cuando me voy,
¡qué tristes yo y la casa,
como dos hondamente enamorados,
que no se ven!—

¡Qué ritmo plácido y tranquilo
el que le doy yo, soñando
en plenitud de plenitudes;
cómo todo se inunda de mi sangre!

How well the house fits
with me;
like a joyful body
with its heart!

—When I leave,
how sad the house and I,
like two deeply in love,
no longer seeing each other!—

What tranquil and peaceful rhythm
I give her, dreaming
with the plenitude of plenitudes;
how all floods with my blood!

LA OBRA

¡Sí, para muy poco tiempo!
Mas, como cada minuto
puede ser mi eternidad,
¡qué poco tiempo más único!

THE WORK

Yes, for a very short time!
But, since each minute
may become my eternity,
what a short time, so unique!

MAR IDEAL

Los dos vamos nadando
—agua de flores o de hierro—
por nuestras dobles vidas.

   —Yo, por la mía y por la tuya;
tú, por la tuya y por la mía.—

   De pronto, tú te ahogas en tu ola,
yo, en la mía; y, sumisas,
tu ola, sensitiva, me levanta,
te levanta la mía, pensativa.

IDEAL SEA

We both keep swimming
—water of flowers or of iron—
in our double lives.

—I, in mine and yours;
you, in yours and mine.—

Suddenly you drown in your wave,
I in mine; and meekly,
your wave, sensitively, lifts me up,
mine lifts you up, thoughtfully.

ANOCHECER

¡Recuerdos de la tú de ayer
en el mí de hoy!

   ¡Qué olores y qué alitas
tenues, eternamente, suaves
—libélulas, rosillas del crepúsculo—,
en torno de mi tronco negro y solo!

NIGHTFALL

Remembering the you of yesterday
in the me of today!

What scents, what soft tiny wings,
eternally, so soft
—dragonflies, tiny roses of the twilight—
around my black and solitary trunk!

TARDE

¡Qué lejos llegan, en tu azul, silencio,
sin esos golpes agrios que las hacen
plegarse, sensitivas,
las alas de mi frente!
Se diría
que no van a volver nunca ya a mí.

—Recuerdo
los barriletes de las tardes de mi infancia,
con el mareo precursor
del cielo en que ellos ajitados revolaban,
yo en sombra, ellos con sol . . . —

Late mi corazón, como una madre
que va a quedarse sin su hijo; como
una doncella que va a ser esposa.
¡Oh misterioso miedo
que hace encojerse el cuerpo al alma,
como para ponerle
con ella contrapeso a lo infinito;
miedo gustoso, que no quiere
hacer volver las alas que se van,
ni quedarse sin ellas;
miedo de lo que ven, de lo que saben;
de verlo—¡y qué deleite!—de saberlo!

¡Oh miedo misterioso
de la belleza diaria no sabida!

EVENING

How far the wings of my forehead
travel in your blue silence
when the sour sounds that make them
fold, so sensitive, are missing!
One would think
they will never return to me!

—I remember
the tiny barrels in the evenings of my infancy
with the anticipating dizziness
of the sky where they would fly in excitement,
I in the shade, they in the sun . . .—

My heart beats like a mother's
about to lose her child; like
a woman's about to become a wife.
O, mysterious fear
that forces the body to shrink the soul
as if to create with its act
a counter weight to the infinite;
joyful fear that does not want to force
the return of the wings that fly away,
nor be left without them;
fear of what they see, of what they know;
at seeing it—what joy!—at knowing it!

O, mysterious fear
of the unknown daily beauty!

MAR IDEAL

¡Las olas de tus sueños,
las olas de mis sueños!

¡Qué mar difícil este
de olas de los dos,
pasado por el mismo sol eterno,
para quedar, un punto,
claro, fundido, verde puro,
bajo tu dulce estrella, Venus!

IDEAL SEA

The waves of your dreams,
the waves of my dreams!

What a difficult sea this is
with waves from the two of us,
under the same eternal sun,
yet remaining a clear, fused,
pure green point
under your sweet star, Venus!

HERMANA

Me llama la tarde pura,
la mujer,
el vagar dulce, el jardín,
la ciudad alegre y llena,
la amistad,
el libro tranquilo ...

Pero mi alma, sonriendo
y callando, sin esfuerzo
salido, como un imán, inefable
—hermana blanca y desnuda—,
me retiene
clavado en sus piernas dulces.

SISTER

The pure evening,
the woman,
the sweet wandering, the garden,
the full and joyful city,
friendship,
the peaceful book
they all call me . . .

But my soul, smiling
and in silence, without external
effort, like an ineffable magnet
—white and naked sister—
holds me
clinging to her sweet legs.

LA OBRA

Domingos de arte.

Llega, alto, el ruido de las plazas
a donde dan las grandes calles llenas.
Aquí, la plazoleta sola,
con el último sol, el agua bella,
el solitario pájaro . . . ,
¡oh primavera que ya vuelves!

Y en la paz inefable,
por las calles cercanas y sin nadie
de este domingo eterno,
viene la soledad comprendedera.
—¡Divinas soledades!—

Y dentro, el alma verdadera;
lo que se basta a sí;
la sonrisa de lo que está alcanzado,
del alma sola, dueña libremente de otra alma sola
de la verdad única.   [y libre,

—En el aire, muy alto, un invisible
y leve canto de tranquilos pájaros,
¡oh primavera que ya vuelves!—

THE WORK

Art Sundays.

The high pitched noise of the square
where all the big, crowded streets lead
reaches me here
in the small square, alone,
with the last sunray, the beautiful water,
the solitary bird . . .
O, spring ready to return!

And in the ineffable peace,
in the deserted nearby streets
of this eternal Sunday,
an all embracing solitude walks in.
—Divine solitudes!—

And inside, the true soul,
the one that is sufficient to itself,
the smile of what has already been reached,
of the soul by itself, freely the owner
of another free and lonely soul,
of the unique truth.

—Very high in the air and invisible
the light song of peaceful birds.
O, spring ready to return!—

FELICIDAD

... Cantan pájaros únicos,
no sé si en estos árboles
o en los de la otra orilla—el paraíso—.
El aire tiende puentes,
de todo a todo;
y el corazón va y viene, en paz, por ellos,
loco, juguetón, libre.
¡Y qué olores lo pasan,
de flores conocidas
y desconocidas!

HAPPINESS

Unique birds sing,
I know not if on these trees
or on those of the other shore—Paradise.—
The air extends bridges
from everything to everything else;
and the heart walks up and down on them in peace,
crazy, playful, free.
And what scents cross it,
of known and unknown
flowers!

AMOR

¡Ay, alma mía,
si yo pudiera amarte,
hecha mujer desnuda eterna!

LOVE

My soul,
that I were able to love you
transformed into an eternal and naked woman!

¿Te cansaste quizás tú, solitario,
de oir, echado en la ladera de oro,
que el sol de abril nunca dejaba,
el agua clara y pura
del arroyo entre piedras y entre flores?

¿Te cansaste de oir siempre a la misma
agua, la sola
canción?

¡Canción, canción igual
siempre, siempre distinta, embriagadora
del alma eterna, sola y una, como el agua
que no quería el alma abandonar!

Did you, perhaps, solitary one, get tired
of listening, as you lay on the golden hillside
never abandoned by the April sun,
to the clear and pure water of the brook
running between stones and flowers?

Did you get tired of listening
always to the same water,
the same song?

The same, the same song,
always the same, always different,
inebriating the eternal soul, one and alone,
like the water the soul did not want to abandon!

This need to drain
everything that leaves me;
to make it permanent,
so that I may leave it forever!

¡Ay, cómo siento el fuerte manantial,
aquí, en mi corazón oscuro!
¡Ay, cuándo, como en una
fusión alta de estrella y de azucena,
ascenderá mi chorro, hasta encontrar
—columna inalterable a río en pie—
el chorro derramado de lo eterno!

How I feel the strong fountain
here, in my dark heart!
When will my spring climb up,
as in a high union
of a white lily and a star, and meet
—unchanging column of a standing river—
the overflowing spring of the eternal!

II

A La Vejez Amada

II

Beloved
Old Age

NUEVA VIDA

¡Alegría que tienes tú por mí!
—¡Ay, tarde clara y buena!—
¡Otra vez a vivir!

  ¡Atrás, atrás, atrás; a comenzar de nuevo;
lejos, más lejos—yo abro, con mis brazos
en cruz, el mundo—, lejos el comienzo;
lejos, lejos, lejos el fin!

  La vida toda, nuevamente, enmedio!
¡Tú, de cristal, de alma!

  ¡Ay, carrera diáfana y feliz!

NEW LIFE

The joy you feel for me!
—Clear and good evening!—
To live anew!

Back, back, back; to begin again;
farther, much farther.—I open the world
with my arms in the form of a cross,—far the beginning;
farther, farther, farther the end!

The whole of life, again, in between!
You, crystal, soul!

Transparent and happy life!

¡Qué importa
que su porvenir sea ya
tan breve!
            ¡Alegría del día
presente, cada día, para ella!

   ¡Que su día presente se dilate,
cada día, tranquilo,
y se haga por-venir!
¡Que su día presente, cada día,
sea una vida entera, dulce y clara!

   —¡Que la tranquilidad
sea espejo propicio de su alma,
y en ella se la encuentre cada día, largamente,
entre el sol de su calle
y la flor de su patio!
¡Que la paz la haga alegre su rescoldo,
y la vaya sumiendo
en la tierra, lo mismo que se sume
un agua sosegada,
con todo el cielo azul en ella!—

   ¡Alegría, alegría, alegría del día
presente, para ella!

What does it matter
that her future has become
already so brief!
                    Joy of the present
day, everyday, for her!

Let her present day be wider,
each day peaceful,
let it become its own coming!
Let the present day, each day,
be a whole life, sweet and clear!

—Let peace
be the true mirror of her soul,
and in it see her each day, for long hours,
between the sun of her street
and the flower of her garden!
Let peace turn the embers into happiness,
and let it sink into
the earth, just as tranquil
waters sink into it
carrying with them
the whole blue sky!—

Joy, joy, joy of the present
day, all for her!

ELLOS

¡Instantes en que la bondad
compasiva y serena de nosotros,
¿menos buenos?,
repasa la bondad compadecida;
en que somos más buenos
que los que nuestra pobre maldad compadeció por
[buenos!

¡Ay, frío, frío, frío
del corazón movido, que se queda
inmóvil en el centro de la estancia,
—¡cristales de colores!—,
con su flor en la mano,
no sabiendo si darla, o si guardarla,
. . . o si tirarla, ay!

¡Qué engaño mustio,
qué tedio de uno—y de otro—,
qué soledad en el paisaje bello,
—donde un pájaro canta sin sentido—,
que circundó, un momento, con su armonía pura
el dulce sentimiento humano!

THEY

Those instants
when the compassionate
and serene goodness we feel for ourselves,
—are we less good?—
looks at the goodness we pity in others;
when we feel that we are better
than those our poor evil pities for being good;

Cold, cold, cold
of the moved heart that stays
still in the center of the room,
—colored crystals!—
with a flower in its hand,
undecided whether to give it or keep it
... or throw it away.

Such wilted deception,
such boredom with the one—and the other—
such loneliness in the beautiful landscape,
—where a bird sings making no sense—
that surrounded for a moment with its pure harmony
the sweet, human feeling!

¡Pensamiento; imán dulce,
que te nos llevas ¡ay! de todo—obligación,
amor, remordimiento,
gloria, pena, alegría—;
que lo tienes a uno, como un árbol
de copa plena y bella,
solo, de pie y ajeno, entre los árboles,
hora tras hora;
pensamiento,
luna en la oscura tarde, grande y clara,
que es más patria que el mundo!

Thought; sweet magnet
that takes us away from everything,—duty,
love, guilt,
glory, sadness, joy;—
holding us like a tree,
its top full and beautiful,
alone, standing and alien, among other trees,
hour after hour;
thought,
moon in the dark evening, large and clear,
more our homeland than the world!

ROSAS

¡Rosas, rosas al cuarto
por ella abandonado!
¡Que el olor dialogue, en esta ausencia,
con el recuerdo blanco!

ROSES

Roses, bring roses to the room
she just abandonned!
Let their scent converse in her absence
with the memory of her whiteness!

MAR

¿Qué te tira del alma?
Te vas adelgazando
como un arroyo que se va quedando
sin agua.

SEA

What pulls you away from the soul?
You are getting thinner
like a brook
losing your water
drop by drop.

¡Ojos, que sois cada uno
como una laguna negra;
redondas lágrimas grandes,
que me miráis mi tristeza
con vuestra tristeza; ojos
que goteáis, como estrellas,
sobre el mundo solitario
de mi corazón en pena;
ojos, única mirada
de toda la tierra ciega!

Eyes, each one
resembling a black lagoon;
large, round tears
looking at my sadness
with your own sadness; eyes
that drip, like stars,
upon the lonely world
of my heart in pain;
eyes, the only gaze
of the whole blind earth!

¡Cómo, rostro—¡ojos grandes!—,
te vas sacando eternidad,
yéndote a ella;
cómo miras más alto, cada día,
más hondo, de más lejos, más al alma,
con la belleza, cada día, fin sin fin,
última de tu fondo inestinguible!

Face—large eyes!—how
do you manage to bring out eternity
when you are walking towards it;
to look higher each day, deeper,
from a greater distance, from the soul,
with the last beauty, each day, end with no end,
of your inexhaustible depth!

No otra en el cansancio de ti viva,
sino tú, allá en el fondo de ti muerta.

It is not someone else, there, in the tiredness of your life
but you in your own depth, down there, dead.

LA MUERTE

(Madres)

A veces quiero en mi madre
a no sé qué madre eterna,
que vive hace mucho tiempo
—madre de abuelas de abuelas—,
en no sé qué nada
distante; que me contempla
con unos ojos ansiosos,
que se acerca, que se acerca . . .

DEATH

(Mothers)

At times I feel I love in my mother
an unknown eternal mother
who has lived for a long time
—mother of grandmothers of grandmothers—
in some distant unknown place
who watches me
with anxious eyes,
who comes closer, comes closer . . .

¡Si pudiera decir
yo "¡Que sí recuerde!",
en vez de este cruel "¡Que no recuerde!"

   ¡Si su pasado mío
fuese como es esta alameda matinal,
gustoso, trasparente, atraedor al oro
azul de la mañana
por oriente!

If I could only say
"Let her remember!"
instead of this cruel
"Let her forget!"

If only her past in me
were as this morning's tree-lined walk,
pleasant, transparent, attracting the
blue, morning gold
of the orient!

SETIEMBRE

Voy a taparle a su carta
los pies, que esta noche hará
ya frío, a la madrugada.

SEPTEMBER

Let me wrap up its feet,
this letter,
for tonight will be cold,
just around morning.

(Viaje)

Dulce, la tarde
cobija con sus májicas penumbras
la paz en que ella arregla
lo suyo, lentamente,
para mi vida—como para la muerte—¡ya tan
confundiendo ambas cosas   [cerca!—,
con su alegría última.

   —El alma, peso oscuro
de hierro, cada tarde dice: "¡Quieto!"
Las alas, en un punto,
me llevan más, más lejos
= ¡oh súbito volar del inconsciente! =,
cada aurora.—

   ¡Vendrá, vendrá, y tan sólo
se encontrará el desierto;
y se caerá en él, desalentada,
ya por última vez, en un sollozo
que empezará en la vida
y acabará en la muerte!

(Journey)

Sweetly, the evening
shelters with magical shadows
the peace within which it arranges
its own things, slowly,
my life—my death now so close!—
mixing up both
with intimate joy.

—The soul, dark weight
of iron, each evening says: "Quiet!"
Ready wings
carry me farther and farther
—O sudden flight of the unconscious!—
each dawn.—

The soul will come, come and it will find
only the desert;
and will fall on it, discouraged,
for the last time, with a sob
that will start in life
and end up in death!

MADRE

¡Si pudiera llevarte
yo a la nada, en mis brazos, de tu vida,
como tú me llevabas, cuando niño,
de tu pecho a la cuna!

MOTHER

I wish I could carry you
in my arms to the end of your life,
as you carried me as an infant
from your breasts to the cradle!

ELLOS

(Crepúsculo)

¡Qué hierro el pensamiento!
¡Cómo, imantado con la tarde dulce,
se trae a la cabeza, al corazón—¡al alma!—
personas, cosas!

   ¡Cómo arrastra, en un punto,
sin lastimarlos nada,
por montañas y simas
—¡tan tiernos!—
los ojos adorados;
cómo, sin trastonarles una hojilla,
en un instante, acerca
la frájil rosa de cristal de las palabras!

   ¡Cómo, sin quebrantar el corazón
—tan suave en esta hora—,
qué fuerte, qué valiente,
le pone dentro mares, pueblos,
torres, montañas, vidas!

THEY

(Twilight)

How much like iron thought is!
How, when magnetized by the sweet evening,
it brings to the head, to the heart—to the soul!—
people and things!

How it brings to one point
without damaging anything,
through mountains and abysses
—so tender—
the adored eyes;
how, without changing a tiny leaf,
in an instant, it brings closer
the fragile crystal rose of words!

How, without breaking the heart
—so soft at this hour—
how strong, how brave,
it places inside it seas, villages,
towers, mountains, lives!

CASTIGO

¡Remordimiento, no
te pongo música; no quiero
lucrar mi gloria con tu esencia triste!

   ¡Que sea tu dolor para mí solo;
que me destroce, día
tras día, canto sin cantar, el alma!

PUNISHMENT

Guilt, I do not set you
to music, I do not wish
to give myself glory
with your sad essence!

Let your pain be for me alone;
let it destroy, day
after day, song without tune, my soul!

VENTANA

¡Ahí siempre tu recuerdo, tan solito
—¡oh domingo estranjero, sin lo tuyo, cons-
levantando el visillo!   [tante y aburrido!—,

WINDOW

 Your memory always there, so alone
—O Sunday in a foreign land, without your habits,
always the same, bored!—
pulling at the Venetian blind!

MADRE

¿Todo acabado, todo,
el mirar, la sonrisa;
todo, hasta lo más leve
de lo más grande?

¡No, yo sé, madre mía,
que tú, nada inmortal, un día eterno,
seguirás sonriéndome, mirándome
a mí, nada infinita!

MOTHER

Have you finished doing everything,
looking, smiling;
everything, even the smallest things
hidden in the largest?

No, I know, mother, my mother,
that you, immortal nothingness, eternal day,
will continue to smile at me, to look
at me, infinite nothingness!

PUERTO

¡Estos paseos lentos por el muelle de la vida,
antes de embarcar tú!

         —La tarde cae
con la paz infinita = pues que ho vuelto a
    ti =
con que caía entonces,
cuando tú estabas junto a la ventana
del patio todo en flor, pensando.—

              Un afán triste
de recojer en mi alma
toda la primavera última
y dártela en mi boca y en mis ojos,
me hace llorar, cantar, reir la luz.—Mi voz es
                      buena,
tanto, que ya la tuya me parece ¡ay!
menos buena en su gran bondad.—

            Yo te querría
colmar de músicas hasta esos mismos
luceros, que en tus ojos
están, dulces, como en el cielo negro; iluminar
toda tu alma—sin mí tantos inviernos—
con mi amor, mantenido
por un sol interior de oro de encanto,
en esta tarde azul y alta, hecha interminable . . .

                   Y
       [que al volver
esta noche, despacio, como hacia la muerte,
te sintieras feliz, inmensamente
contenta del pasado mío,
deseosa sólo de dormir bien y despacio,
a la luz pura, májica y completa
de todas las estrellas—tus recuerdos buenos . . .—

HARBOR

All those slow walks along the pier of life,
before your embarked!
                              —The evening falls
with an infinite peace—for I have returned to you—
as it was before,
when you were by the window
of the patio all in bloom, thinking.—
                                        A sad desire
of gathering in my soul
the last of the whole spring
and presenting it to you in my mouth, my eyes,
makes me weep, sing, laugh at all the light.—My voice is
                                                      good,
so good, that now even yours seems
less good in its great kindness.—
                                  I would like
to overwhelm you with music as high as those
stars, that shine in your eyes, sweetly,
as they do in the dark sky; to fill with light
all your soul—so many winters without me—
with my love, sustained
by an inner sun of magic gold,
on this evening, blue and high, made eternal . . .
                              And upon returning
tonight, slowly, as if towards death,
you will feel happy, immensely
satisfied with my past,
desiring only to sleep well and slowly,
under the pure light, magical and complete,
of all the stars—all your good memories . . .

Baja a la nada, con mi amor,
como por la pendiente dulce y verde
de esta orilla, a la barca de la tarde;
sonriendo, distraída por pájaros de luz,
con tu mano amorosa y desasida
entre las florecillas
frescas de sol poniente.

Descend towards nothingness, with my love,
as down the sweet and green slope
of this shore to the boat of evening;
smiling, distracted by birds of light,
with your loving and detached hand
among the little flowers,
fresh with the setting sun.

LA MUERTE

Cómo se agarra lo inmortal
a lo mortal que vuela,
cómo deja caer todo el tesoro
de sus invisibilidades,
por las tierras que pasan revolando,
con sus sombras de sol cerrado y fúnebre.

Cómo parece
que aquel oro creído oro de luz un día
falso, atrás, en lo vano
de los olvidos egoístas,
no dará flor, oro de piedras.

DEATH

How the immortal seizes
on the mortal that flies,
how it lets fall the whole treasure
of the invisible
upon the ground that passes fluttering by
with its shadows of a sun that is closed and gloomy.

It looks now
as if the gold that was one false day
believed to be the gold of light,
back then, in the vain spaces
of selfish forgetfulness,
will never grow flowers, the gold of stones.

¡Breve definición la de la muerte,
y exacta! En dos palabras,
todo está terminado.

        Y nada
hay que oponerle ya, ni rosa ardiente,
pretendido retorno al sol de aquella boca
que se quedó en la sombra para siempre;
ni estrella pura,
pretendido retorno de los ojos
que ya nunca verán a las estrellas . . .

    ¡Triste consuelo
este argumento del espíritu
que es sólo, sólo para el que se queda,
que el que se fué no pudo ver, no pudo
besar: estrella, rosa!

Brief definition of death,
and so exact! Two words,
the end.

      And there is nothing
to oppose to it, no burning rose,
no pretense that the mouth
that stays for ever in the shade returns to the sun;
nor a pure star,
pretense that the eyes
that will never again see the stars
will ever return . . .

Sad consolation
this argument of the spirit
valid only, only for the one who stays,
for the one who left could not see,
could not kiss: star, rose!

¡Libro terrible—¡muerte!—
y terrible momento
cuando—niños para él—nos toca
aprenderlo, tan fácil ¡ay! y tan difícil,
tan corto ¡ay! y tan largo!

Horrible book—death!—
and horrible moment
when—as children—we are
forced to study it, so easy, so difficult,
so short, and so long!

EN NINGUNA PARTE YA

En ninguna parte ya
vendrás a vivir conmigo,
a decirme, mansa y dulce:
"¡Qué bueno está todo, hijo!"

¡En ninguna parte ya!
¿Y yo te dejo y te olvido
y tú te vas escondiendo
y apenas me dices: hijo?

¿Este no vernos será
un no vernos decisivo?
¿En ninguna parte ya
me reirás triste: hijo?

NOW, NOWHERE

Now, nowhere will you come
to live with me,
to tell me, meek and sweet:
"How good everything is, son!"

Nowhere now!
And I, do I abandon and forget you
as you keep hiding
and hardly ever call me: son?

This not seeing each other
will it become a final lack of sight?
Nowhere, now
will you smile at me sadly: son?

ROSAS

Pongamos estas rosas con raíz y tierra,
en su entero recuerdo,
en su imajen perene
sin nada de estrañero,
que es en donde está toda
como era aquí . . .

                    ¡Nada de alma
al alma sin el cuerpo;
nada de corazón de carne a tierra,
ni lágrimas, ni rezos!
¡Todo, como es, a todo
como era. Rosas con raíz
y tierra a su recuerdo entero!

ROSES

Let us place these roses, roots and soil
in complete remembrance,
in their eternal image
with no other distractions,
for there they are whole
as they were here . . .

                No more talk of soul
to the soul without body;
of a heart of flesh to the earth,
of tears, of prayers!
Let everything return, just as it is
to how it was. Roses
with roots and soil
to whole remembrance!

ESTE CIELO AZUL

¡Y si el recuerdo
tuyo de mí fuese este cielo azul
de mayo, lleno todo
de las estrellas puras de mis actos!

(De mis actos iguales como ellas, todos puros,
[diferentes,
limpios, buenos, tranquilos igual que las estrellas
distantes o cercanas.

Debajo, tu sonrisa en sueños,
sueños de tus recuerdos de mi vida).

THIS BLUE SKY

What if your memory of me
were this blue sky
in May, all full
with the pure stars of my actions!

(Of my actions equal to them, all pure and different,
clean, good, at peace like the distant
or near stars.

Underneath, your smile in dreams,
dreams of your memories of my life).

ANTEPRIMAVERA

¿Qué ser de la creación sabe el misterio?
¿el pájaro, la flor, el viento, el agua?
Todos quieren decirme lo inefable,
que, al menos, es verdad en la alegría
del alma con su carne, tan gozosas
de esperar, sin cansancio y sonriendo,
esta promesa múltiple de amor,
alba eterna de un día
... que no se abrirá nunca.

SPRING

Which being of creation knows the mystery?
the bird, the flower, the water, the wind?
All of them strain to tell me the ineffable,
that, at least, becomes true in the joy
of the soul with its own flesh, all joyfully
waiting, without tiredness and with smiles,
this multiple promise of love,
eternal dawn of a day
... which will never open up.

ELLOS

¡Necio yo! ¿Cómo
podrá nunca llegar esta palabra mía,
al no dicho misterio de sus almas?
¿Cómo sonreirán mis esplosiones vanas
sus cielos interiores,
de un oro blanco que ninguna aurora
reflejada podrá alcanzar?

   ¡Necio yo, sí; y felices ellos
en su mudez, en su sordera pura!

THEY

Stupid me! How
will this word of mine ever
reach the unsaid mystery of their souls?
How my vain explosions make
their inner skies smile
with the white gold that no
reflected dawn will ever show?

Stupid me, yes, and happy they,
completely dumb and deaf!

III

La Realidad
Invisible

III

Invisible Reality

(Insistencia)

Te removía, noche,
el tesoro infinito
de tus entrañas plenas . . .
         Y toqué una mano fina
que se vino a la mía dulcemente.

    Desperté, si dormía; dormí, si despertaba.
Lo fuí a ver todo; casi
lo vi, casi lo vi, en la luz que florecía
de aquel tacto inefable.

    . . . ¡Ninguna mano—¿estrella?—ya
viene bien a mi mano!

(Insistence)

Night, I was removing
the infinite treasure
of your full womb . . .

           And I touched a thin hand
that came towards mine sweetly.

If I was asleep, I woke; if I woke I was asleep.
I was on my way to see everything; I almost
did, I almost saw with the light that bloomed
with that ineffable touch.

Now, no hand,—star?—fits
in my hand!

VISIÓN DE COSTA

Su callar era el mar,
y su ceguera el cielo; el hondo
pesar por su no ser, era la aurora;
la sombra que tendía
iluminaba el arenal de oro.

VISION FROM SHORE

Her silence was the sea,
her blindness the sky; the heavy
weight at her not being was the dawn;
the shade she spread
lit the sands with gold.

¡Ésta es mi vida, la de arriba,
la de la pura brisa,
la del pájaro último,
la de las cimas de oro de lo oscuro!

¡Ésta es mi libertad, oler la rosa,
cortar el agua fría con mi mano loca,
desnudar la arboleda,
cojerle al sol su luz eterna!

This is my life, the one above
with the pure breeze,
the last bird,
the tops of gold in the dark!

This is my freedom, to smell the rose,
break the cold water with my crazy hand,
undress the woods,
steal from the sun its eternal light!

Poder, que me utilizas,
como medium sonámbulo,
para tus misteriosas comunicaciones;
¡he de vencerte, sí,
he de saber qué dices,
qué me haces decir, cuando me cojes;
he de saber qué digo, un día!

Power that uses me
like a sleepwalking medium
for your mysterious communications;
I must conquer you, yes,
I must find out what it is you say,
you force me to say, when you possess me;
I must know what it is I say, some day!

CANCIÓN

¿Adónde, nubes del ocaso,
con esa breve luz, adónde?

    ¿Adónde, nubes del poniente,
con esa luz eterna, adónde?

SONG

Where, clouds of the twilight,
with that brief light, where?

Where, clouds of the sunset,
with that eternal light, where?

¡Vida mía, ardiente ámbito,
que te dilatas, sin fin,
cada instante—corazón
que quisiera tener todo
dentro de su tierna carne—,
por cojer
en ti la libertad fúljida
de tus flechas infinitas!

My life, burning circle
becoming larger, without end,
each instant—heart
that wishes to hold everything
within its tender flesh—
in order to gather
within you the shining freedom
of your infinite arrows!

¡Cómo, cantando, el pájaro,
en la cima de luz del chopo verde,
al sol alegre de la tarde clara,
me parte el alma, a gusto, inmensamente, en dos
—¡ y qué sangre de música chorrea!—,
desde el cenit sin vuelta
a la tierra sin cambio!

How the bird singing
on the highest branch of the green poplar
under the joyful sun of the clear evening,
breaks my soul, willingly, immensely, in two
—and how the blood of music gushes out!—
from the zenith that does not return
to the earth that does not change!

La ofensa que me has hecho
en el sueño, me sigue echando sombra
—como una nube estacionada—
en el día, sin fin.
                    ¡Ay, qué insistencia
tan triste; qué batalla
inmensa, sofocante, inestinguible,
en no sé qué de mí! Parece
que mi secreto lucha, en mi inconciencia,
con tu misterio;
¡que medio yo enterrado, lucha
con media tú que vuelas!

The offense you gave me
in dreams keeps its shade over me
—like a still cloud—
during the day, without end.
                              How sad
its insistence; what an immense
battle, suffocating, inextinguishable
within I know not what in me! It seems
as if my secret fought in my consciousness
with your mystery;
the half of me that is buried fights
with the half of you in flight!

Las cosas dan a luz. Yo
las amo, y ellas, conmigo,
en arcoiris de gracia,
me dan hijos, me dan hijos.

Things give birth. I
love them, they,
in a rainbow of grace,
give me children, give me children.

La mariposa
¡qué pensativa es!
                    Va por las flores
de la tarde, insistente
en lo amarillo,—un punto, eterno,—del jardín,
como el alma en amor, por los recuerdos.

The butterfly,
how thoughtful she is!
                    She flies over the flowers
in the evening, insisting
on the yellow,—eternal point—of the garden,
as a soul in love on her memories.

La tierra se quedó en sombra;
granas, las nubes ardían;
y yo pensaba en la muerte,
que ha de partirnos un día.

The earth suddenly turned to shade;
the clouds were burning scarlet;
and I started to think of death
that will separate us one day.

Fué lo mismo
que un crepúsculo inmenso de oro alegre,
que, de repente, se apagara todo,
en un nublado de ceniza.

—Me dejó esa tristeza
de los afanes grandes, cuando tienen
que encerrarse en la jaula
de la verdad diaria; ese pesar
de los jardines de colores ideales,
que borra una luz sucia de petróleo.—

Yo no me resignaba.
Le lloré; le obligué. Vi la ridícula
sinrazón de esta cándida hermandad
de hombre y vida,
de muerte y hombre.

¡Y aquí estoy, vivo ridículo, esperando,
muerto ridículo, a la muerte!

It was just as if
the immense twilight of joyful gold,
had suddenly died out,
within a cloud of ashes.

—It left me that sadness
of the large desires, when they
must close themselves up in the bird cage
of the daily truth; that pain
of the gardens with ideal colors
erased by the dirty light of gasoline.—

I was not ready to give up.
I cried for it; I forced it. I saw the ridiculous
irrationality of this candid fraternity
of man and life,
death and man.

And here I am, ridiculously alive, waiting,
ridiculously dead, for death!

OCASO

(Insistencia)

Esa nube morada,
que el poniente de oro trasparenta,
¿no es, acaso, mi triste corazón,
que un amor que se va pasa de luz?

TWILIGHT

(Insistence)

That mauve cloud
pierced by the gold of the twilight,
is it not, perhaps, my sad heart
pierced by the light of a love that is leaving?

VUELTA

Árbol que traigo en mí, como mi cuerpo,
del jardín; agua, alma;
¡qué música me hacéis allá en mi vida;
cómo soy melodía y ritmo y gracia
de ramas y de ondas,
de ondas y de ramas;
cómo me abro, con vosotros, y me cierro,
cojiendo el infinito,
y dejándolo ir—luces y alas—!

RETURN

Tree that I carry in me, as my body,
from the garden; water, soul,
what music do you make for me down there in my life!
I am melody, rhythm and grace
of branches and waves,
of waves and branches.
I open up with you and close down
catching the infinite
and letting it go—light and wings!—

Did I catch you? I do not know
if I caught you, softest pen,
or caught your shadow.

¡Qué desclavarme constante
el alma, de todo, ay!;
¡qué recojer sangre, éste,
qué limpiar mi sangre en todo,
qué irme a lo otro, sonriendo
de pesar inestinguible
—cada segundo, infinito
de tristeza inmaterial—,
con corazón vaciado!

What a continuous prying up
of the soul from everything!
What gathering of blood, this
purifying my blood in everything
while going to something else, smiling
in inextinguishable pain
—every second an infinity
of immaterial sadness—
with my heart emptied out!

¡Quién te cojiera, vida, ese pequeño
jesto sutil, ese lijero
secreto, ese misterio
fugaz que—igual que en esta niña
la sonrisa, el tic lindo de la vista—,
fuera, en tu toda tú, infinito,
tu único tesoro indivisible y fresco,
tu exacto sentimiento,
tu inestinguible eco,
tu infinito recuerdo,
la forma de tu vuelo,
tu nombrecillo, vida inmensa mía, eterno!

Who would be able to catch from you, life
the tiny subtle gesture, the secret
light, the fleeting mystery that
—as in that child's smile,
the pretty tic of her eyes,—
becomes, outside, in the whole of you, infinite,
your unique, indivisible and fresh treasure,
your exact feeling,
your inextinguishable echo,
your infinite remembrance,
the form of your flight,
your eternal, tiny name, immensity of my life!

¡Ay, mañana, mañana,
que no lo seas sólo de la infancia;
mañana, lumbre pura
de la madurez, nunca
ya relegada por la vida;
presente eterno, májica conquista!

—¡ Ay, luz de nuestra sombra,
echada de nosotros por la tarde,
con pureza de madre,
sobre el oculto prado de las rosas solas!—

Tomorrow, tomorrow,
make sure it is not the repetition of infancy;
tomorrow, pure light of maturity, never
again abandoned by life;
eternal present, magic conquest!

—Light of our shadow
removed from us by the evening
with the purity of a mother
in the hidden meadow of the solitary rose!

El olor de una flor nos hace dueños,
por un instante, del destino;
el sol del cielo azul que, por la tarde,
la puerta que se entreabre deja entrar;
el presentir una alegría justa;
un pájaro que viene a la ventana;
un momento del algo inesperado . . .

No hay en la soledad y en el silencio
más que nosotros tres:
—visita, hombre, misterio—.

                        El tiempo y los re-
no son nudos de atajos   [cuerdos
sino de aire y luz. Andamos sonriendo
sobre el tranquilo mar. La casa es dulce,
bellas sus vistas . . .
                        Y un instante,
reinamos ¡pobres! sobre nuestra vida.

The scent of a flower makes us masters,
for an instant, of our destiny;
the sun from the blue sky which, in the evening,
the half open door lets in;
the premonition of an exact joy;
a bird that lands on the window;
a moment from the unexpected something . . .

There is no one else in the solitude
and silence than the three of us:
—guest, man, mystery.—

                      Time and memories
are not knots made of short cuts
but of air and light. We advance smiling
upon the tranquil sea. Home is sweet,
its sights beautiful . . .
                  And for an instant
we rule, poor devils!, our lives.

REGRESO

Un escalofrío leve,
una tristeza inconciente
—de pronto, al hundirse el sol,
me quedo sin corazón—,
y el desierto campo inmenso
es mi frío cuerpo muerto.

RETURN

A light shiver,
an unconscious sadness
—suddenly, as the sun sets,
I lose my heart,—
and the immense, deserted field
is my cold body, dead.

Hemos sido, seremos.
Sí, ¡pero nunca somos!

FUGAS

Barquitos de ilusión en cualquier agua,
molinos de papel en cualquier viento,
barriletes al cielo,
juegos al esconder . . .

—Desde niños, ¡qué afán
de entregar nuestras vidas
a la muerte!—

La muerte, madre, nos sonríe
complacida; y, a veces,
nos ama tanto,
que no espera;
y se va nuestra vida en el barquito,
en el molino, o en el barrilete.
¡Ya no nos encuentran, nunca,
en nuestro escondite!

ESCAPES

Tiny boats of fantasy in the waters,
windmills of paper in any wind,
tiny barrels flying in the air,
games of hide and seek . . .

—Since childhood, how eager
to surrender our lives
to death!—

Death, mother, smiles at us
complacently and at times
she loves us so much
that she does not wait
and our life goes away in the little boat,
in the tiny windmill, in the barrel.
She no longer finds us
in our hiding place!

¡Si fuera yo como un lugar
del mar o el cielo; el mismo y otro siempre,
       [con las olas,
el mismo y otro siempre, con las nubes;
firme y errante,
aguardador y solitario,
encontrado y desconocido,
amado y olvidado, y libre y preso,
—el mismo y otro siempre, con mis nubes,
con mis olas—!

If I were only like a place
in the sea or the sky with clouds,
the same and different,
with waves the same and different,
firm and a wanderer,
waiting and solitary,
found and unknown,
loved and forgotten, free and in prison,
—the same and different always, with my clouds,
with my waves!—

MAR IDEAL

I

Ahogado en el perfume de las rosas de la
me deslumbra la luna, y oigo el mar. [orilla,
                               ¡Punta de tierra,
blanco brazo tendido, fin por donde sale,
en cita, inmaterial, el alma de la vida
al alma material del infinito!

II

En el abrazo, yo. Pero ellos ¡ay!
hombre y mujer al fin,
no hacen caso de mí, en su inmenso éstasis,
que los miro fundirse, niño triste y ávido,
en plena eternidad de amor.

III

Y huelo inmensamente, y miro, y oigo,
queriendo adivinar, con los sentidos
de par en par abiertos al instante,
el gran secreto.
Mas vida e infinito no hacen caso,
mujer y hombre, al fin, del niño triste.

y IV

Enamorado, como un niño triste,
de la vida, mujer, sollozo solo, loco,
queriendo conseguir su amor con mi tristeza,
a la fuerza, a la fuerza
—¡qué odio al infinito!—;
y oigo, y miro, y huelo inmensamente.

IDEAL SEA

I

Drowned by the perfume of the roses by the shore,
dazzled by the moon, I hear the sea.
                                    Tip of the earth,
white, extended arm, the end through which exits,
by appointment, immaterial, the soul of life
to the material soul of the infinite!

II

I, within the embrace. But they,
man and woman that they are,
pay no attention to me, in their immense ecstasy,
as I, sad and eager boy see them melt
into a full eternity of love.

III

I smell and look and listen,
trying to divine, with all my feelings
wide open to the instant,
the secret.
But life and infinity pay no attention,
man and woman that they are, to the sad boy.

and IV

In love, like a sad boy,
with life, woman, solitary, crazily, sobbing,
trying to win her love with my sadness,
by force, by force
—how I hate the infinite!—
and I listen and look and avidly smell.

Parecías,
apasionada ya, y aún iracunda,
una puesta de sol, tras la tormenta.

El fulgor rojo de tus ojos chorreantes
iluminaba, aquí y allá, tu sombra trájica,
en coronación última;
—¡oh, qué nostaljia inmensa de un crepúsculo
que había de venir!—   [= ¡éste! =

¿Dónde vi yo un paisaje de ciudad
—barrios abiertos al ocaso
del mar, con las fachadas de cristales recorridas
de roja luz sangrante—
así, terriblemente, gloriosamente único,
que parecía una mujer?

. . . Que parecía una mujer desconocida;
—¡oh, qué nostaljia inmensa de una mujer
que había de venir!—   [= ¡tú! =

You looked,
already passionate and even angry,
like a sunset after the storm.

The red brilliance of your eyes
brightened, here and there, your tragic shadow,
as in a last coronation.
—O, what an immense nostalgia for such a twilight
that had to come!—

Where did I see a landscape of a city
—quarters open to the sunset
on the sea, with the facades of crystal crossed
by red bleeding light—
like this one, terribly, gloriously unique,
resembling a woman?

. . . Resembling an unknown woman;
O, what an immense nostalgia for the woman,—you—
who had to come!—

ENTRETIEMPO INTERIOR

La tarde de mi espíritu,
de pronto, se incendió de grana.
Se deslumbraron mis ruinas . . .

—Mi sentimiento era
ausente del instante, y temeroso
igual que un pajarillo
que temblara, soñando, entre las ramas yertas
de la tarde helada
= ya la entrevista luna violeta =,
tras las hojas escasas, un momento
con sol de oro.—

. . . Y en el frío del alma, quietecita
en el plumón suave y ahuecado
del corazón hecho nostaljia,
un momento latió una primavera—lejanísima—
de vientos claros y brillantes nubes,
sobre los irreales árboles, no secos,
desnudos.

INTERIOR SEASON

The evening of my spirit,
suddenly, lit up scarlet.
My ruins became dazzled . . .

—My feeling was
absent from the instant and fearful
like a tiny bird
trembling, while dreaming, among the dead branches
of the frozen evening
—already the forseen violet moon—,
behind the scarce leaves, a moment
with golden sun.—

. . . And in the cold of the soul, nestling
in the feathers of a soft and hollowed
heart turned nostalgic,—a very distant—
spring beats for a moment
with clear winds and shining clouds,
upon the vague, not dry,
naked trees.

OCASO

¡Oh qué sonido de oro que se va,
de oro que se va a la eternidad;
qué triste nuestro oído, de escuchar
ese oro que se va a la eternidad,
este silencio que se va a quedar
sin su oro que se va a la eternidad!

SUNSET

O, what sound of gold now leaving,
of gold leaving for eternity;
how sad our ear from listening
to that gold leaving for eternity,
the silence that remains
without its gold leaving for eternity!

AMOR

¿Por qué este olor, mezclado
de carne, y de infinito,
en la tarde tranquila?

¿De qué mujer ardiente y venidera,
viene ya a mí, como un recuerdo
de mi vida futura?

LOVE

Why this smell, mixed
with flesh and infinity,
in the tranquil evening?

From which woman, passionate and yet to come,
approaches me now, like a memory
of my future life?

¡Quién fuera como tú, secreto,
grande siempre
por pequeño que seas; joya única!

Who could be like you, secret,
always large
no matter how small; unique jewel!

PUERTO

Dormidos, nuestro cuerpo
es el ancla
que nuestra alma deja
en el fondo del mar de nuestra vida.

PORT

When asleep, our body
is the anchor
our soul leaves
in the depth of the sea of life.

¿Y qué importa de todo,
si podemos quemar
cada pena ¡oh pasión! en cada estrella,
si podemos hacer
del negro cielo inmenso
nuestra inmensa alegría iluminada?

What difference does it make,
if we are able to burn up
each pain, passion! in a star;
if we are able to make
from the immense dark sky
our immense, lighted joy?

LA MUERTE

¡De noche, mientras duermo,
qué honda va mi vida!
—Si me quedara yo sin vida, entonces,
¡qué bella alma encontraría yo!—

   ¡Oh corriente profunda—yo de adentro—,
reflejadora del secreto íntimo,
que el sol deshace cada día,
pasando el agua descansada, ahondada;
cuándo, con la costumbre de ser honda,
do no volver al yo de arriba
—al barco triste—,
tendrás conciencia de tu sueño májico!

DEATH

At night, as I sleep,
how deep my life runs!
—If, then, I would be left without life,
what a beautiful soul I would find!—

O deep current—I on the inside,—
reflection of the intimate secret
that the sun dissolves every day
crossing over the restful, deep waters
when, with the habit of being deep,
of not returning to the I above
—the sad ship—
will you be aware of your magic dream!

ESTRELLAS

Habla, habla. Mira, mira . . .
¡No, la voz no se estingue;
no, no se estingue la mirada!
Más allá, más allá, más allá siempre,
hablaremos y miraremos todos,
(después de muertos)
eternamente.

STARS

Talk, talk. Look, look . . .
No, the voice does not die out;
no, looks do not die out!
Farther, farther, always farther
we shall talk and look,
(after we die)
eternally.

PRIMER AMOR DIVINO

¡Ya lo encontré! ¡Sí! El gran pájaro blanco
de luz, posado
—parada música—
en el regazo alto de las copas
negras y quietas de los árboles.
—¡Qué paz y qué descanso
de lo ideal en lo real!—

   ¡Lo vi, como una desnudez eterna!
¡Sí, el gran pájaro blanco,
de luz!

      . . . Él, sorprendido por mis ojos negros, no
se levantó de pronto.
Se fué yendo, sin irse casi, no sé cómo
—tanto se iba como se quedaba—,
se fué yendo, en un éstasis gustoso,
casi queriendo dárseme del todo
y guardándose todo su misterio,
—tanto, que no sabía yo si estaba allí
= ¡muerte divina! =
y ya él estaba tras el mar.—

   ¡Primer amor divino!

FIRST DIVINE LOVE

I found it at last! Yes! The large white bird
made of light, perched
—still music—
on the high womb of the black
and quiet tree-tops.
—What peace and what rest
the ideal finds in the real!—

I saw it as an eternal nakedness!
Yes, the large white bird
made of light!

Surprised by my black eyes, it
did not rise suddenly.
It left slowly, hardly leaving, I do not know how
—it was leaving as much as staying
it left slowly, in a pleasurable ecstasy,
as if willing to surrender itself whole
but keeping all its mystery,
—so much so, I did not know if it was there
—divine death !—
or already behind the sea.—

First divine love!

DESVELO

¿De dónde, sol?, ¿en dónde?

         . . . Siento
que estas noches me llaman por mi nombre,
cuando ya todos duermen
y nadie habla.

  Es voz no conocida,
y debe venir cerca, en lo distante,
porque se oye ya en la brisa muda.

  Sol de la aurora; siento
que vuelvo de más lejos que del sueño
a tí, cada mañana;
que me voy alejando, cada día, más
de tí, sol de la aurora,
como en un barco inmenso
que se alejara de algo mío,
proa a algo sin nombre y sin recuerdo,
sin ver yo cómo ni por dónde . . .

  ¿Por dónde, sol; por dónde, sol?

AWAKE

Sun, from where? Where?

                     . . . I feel
during these nights that I am called by my name,
when everyone is asleep
and nobody speaks.

It is an unknown voice, near,
and it must come from close by, in the distance,
for it is already heard in the mute breeze.

Sun of the dawn, I feel
I return to you from farther than dreams,
each morning;
that I get farther, each day, from you,
sun of the dawn,
as if on an immense ship
becoming distant from something mine,
sailing towards something without a name or memory,
and I unable to see how or where . . .

Where, sun, where, sun?

LUZ

I

De pronto, entrando
en el jardín, vi el sol
—que ya se había puesto tras lo bajo—,
el sol alto del cielo blanco y oro,
echado, quieto en las profundas cimas
del cerrado verdor, por fuera en sombra.

II

Fué como si yo entrara
en el corazón vivo—¡qué sorpresa!—,
en el ardiente centro
de la hermosura.—Y era el sol como una música
estasiada, trasfigurada, aparecida,
como un dios en su nido, como
un tesoro humano
hecho ideal, como un ideal en fuga,
por gusto descansando . . .—

III

¡Qué paz, qué encanto, qué oro!
Ni una hoja áurea se movía.
Aquello era como si uno
fuese a ser armonía pura y clara
de un instrumento eterno, una cadencia
que pudiera durar por vida y muerte
y eternidad, sin pena ni cansancio . . .
—Como el sol de la muerte, sorprendido
por la vida medrosa.—
. . . Era uno mismo y uno solo,
hecho verdad allí, verdad
de su ilusión.
Qué paz, y que retardo, y qué oro!

y IV

— . . . ¿Se había ido el sol? Y se quedaba
aquella luz allí, posada, para siempre,
en su verdad mía, conmigo.—

LIGHT

I

Suddenly, as I entered
the garden, I saw the sun
—that had already set behind low things,—
the high sun from the white and gold sky,
lying down, quiet on the deep peaks
of the closed green, outside the garden, all shadows.

II

It was as if I had just entered
a live heart—what a surprise!,—
the burning center
of beauty.—The sun was as music
in ecstasy, transfigured, appearing
like a god in his nest, like
a human treasure
made ideal, like an escaping ideal,
resting at will . . .—

III

What peace, what magic, what gold!
Not even a golden leaf was moving.
It felt as if one were about to become
the pure and clear harmony of an eternal instrument,
a cadence to last for life, death and
eternity, without pain or tiredness . . .
—Like the sun of death, surprised
by a fearful life.—
. . . It was one self and one alone
made truth there, the truth
of a dream.
What peace, how slow, what gold!

and IV

. . . Had the sun set? But the light remained
there, perched for ever
in its truth and mine with me.—

Creía ya perdido
en mí mi corazón, este "tá, tá",
seco y duro, que me entra
un yo distinto en mí; y fui a dormirme,
dulce, contra mi cuerpo.

                    Mas, de pronto
—cayendo el día aquél, contradictorio—,
entre los matorrales del barranco,
se levantó—"tá, tá"—de nuevo, bajo mí,
en esplosión revuelta de cascos y relinchos,
¡potro indomable, ajeno, loco!

I thought I had lost
my own heart, this "ta, ta,"
dry and hard, that brings within me
an I different from me; and I went to sleep
softly, cuddled against my own body.

                                   But suddenly,
—as the day fell, that contradictory day,—
it rose—"ta, ta"—again, under me,
from among the bushes of the cliff,
in an scrambled explosion of hooves and neighs,
untamable, alien, mad horse!

¡Cómo la noche negra
se hace profunda con mi pensamiento!

   —¡A todo llega
la sombra!—

   La sombra, ¡cómo
se hace, en cada agujero de lo ignoto,
con ojos como estrellas, fijas,
buho de pensamiento mío!

The black night
becomes deep with my thought!

—The shadows reach
everywhere!—

The shadows,
in every hole of the unknown,
have eyes like stars, fixed,
owl of my thought!

Dejad las puertas abiertas,
esta noche, por si él
quiere, esta noche, venir,
que está muerto.
         Abierto todo,
a ver si nos parecemos
a su cuerpo; a ver si somos
algo de su alma, estando
entregados al espacio;
a ver si el gran infinito
nos echa un poco, invadiéndonos,
de nosotros; si morimos
un poco aquí; y allí, en él,
vivimos un poco.
         ¡Abierta
toda la casa, lo mismo
que si estuviera de cuerpo
presente, en la noche azul,
con nosotros como sangre,
con las estrellas por flores!

Tonight, leave the door
open in case he wants
to come, tonight,
though he is dead.
                    Open everything,
see if we resemble his body;
see if we become something
of his soul, surrendered
as we are to space;
see if the great infinite throws
something of us upon ourselves,
invading us; see if we die
a little here; and there, in him,
see if we live a little.
                    Leave the whole house
open, as if it lay in state
in the blue night,
with us as its blood
and for flowers the stars!

RETORNO PRIMAVERAL DE UN EPITAFIO

Donde tuvo su fe,
le brotan hoy rosales.

   Y el aroma
le hace, en torno, otro mundo
—como aquél, ilusoria—,
que, hacia el alma, es el cielo,
y, hacia el cielo, es el alma.

SPRING RETURN OF AN EPITAPH

Where his faith lay
there rose bushes bloom.

And the scent
makes, around him, another world
—imagined, like that one—
which, for the soul is the sky,
and for the sky is the soul.

PERO TÚ FUISTE MÁS

(Todo es siempre menos. Antes).

Pero tú fuiste más. Lo que me diste
pasó los mil ocasos infinitos
de mi ilusión ansiosa;
y en el sinfín del fin
abrió un momento hacia mis ojos
la flor que se abre siempre
contra los ojos del que ve más, más.

  Sí, sí, yo ví por ti
lo no visto por nadie ni por mí
antes de ti; yo ví
más que lo que ha creído,
Rimbaud, algunas veces ver el hombre,
más de lo que ha creído
algunas veces develar
la mujer.

  ¡Qué trasparencia
insólita, con el tesoro
de todo lo imposible deseado
en su entreabierta invisibilidad!

BUT YOU WERE MORE

(Everything else is less.)

But you were more. What you gave me
crossed the thousand infinite sunsets
of my anxious dreams
and in the end
opened towards me for a moment
in my eyes the flower that always opens
to the eyes that see more and more.

Yes, yes, I saw because of you
what has never been seen by anyone else or me
before you came; I saw
more, Rimbaud, than man
ever thought to see
more than woman has
ever believed she
could unravel.

What transparency,
so unaccustomed, with the treasure
of all that is impossibly desired
in its partly opened invisibility!

COMO LA SOMBRA DE UNA FLOR

Sí, morir y nacer
como la sombra de una flor
a la brisa tranquila,
en la tierra; en el agua;
existencia preciosa
sin dolor ni ruína,
sin fealdad ni duelo ni trastorno;
apareciendo, y desapareciendo, sólo,
como la sombra de una flor.

LIKE THE SHADE OF A FLOWER

Yes, to die and be born
like the shade of a flower
in the tranquil breeze,
on the earth; the sea;
precious existence
without pain or ruin,
without ugliness, grief or inconvenience;
appearing, disappearing, alone,
like the shade of a flower.

EPITAFIO IDEAL

¡Libro acabado,
caída carne mía,
labrador subterráneo de mi vida!

IDEAL EPITAPH

Book just read,
my own fallen flesh,
underground plough of my life!

EL SOLO AMIGO

Será lo mismo
—tú vivo, yo en la muerte—
que en una cita en un jardín,
cuando se tiene que ir el que esperaba,
—¡con qué tristeza!—, a su destino,
y el que tenía que llegar, llega
de su destino, tarde—¡y con qué afán!

Tú irás llegando, y verás solo
el banco; y, sin embargo, llegarás a él,
y mirarás un poco a todas partes,
con ojos tristes, deslumbrados
del sol interno de tu ocaso grana;
y luego, lentamente, lo mismo que conmigo,
te irás, tan lejos
de ti, como esté yo.

THE ONLY FRIEND

It will be the same
—you alive, I dead—
as on a day in a garden
when the one awaited must leave,
—what sadness!—to her destiny,
and the one who is arriving, come
from his destiny, late, with what anxiety!—
You will keep arriving, and will see
only the bench, but will reach it
and will look around everywhere,
sad eyes, dazzled by the inner sun
of your scarlet sunset;
and then, slowly, as it was with me,
you will go as far away
from yourself as I will be.

MUY TARDE

Piando a la luz, asciende el pájaro
por las doradas copas;
y su pío resuena
en la sombra de abajo,
como en un pozo hondo
de verdor y silencio.

Él se sume en su sueño alto,
atravesando luces májicas.
Mi corazón es sombra
del fondo resonante.

VERY LATE

Singing to the light, the bird climbs
by the golden treetops;
its song resounds
in the lower shadows,
as if in a deep well
of green and silence.

He takes himself to his high dream,
traversing magic lights.
My heart is the shadow
of the resounding depth.

¡No sois vosotras, dulces ramas
de oro, las que os mecéis
al viento último; es mi alma!

It is not you, sweet, golden
branches, rocking in the last
wind; it is my soul!

APÉNDICES

. . . O parole née
d'un souffle et d'un rêve,
et qui t'élèves
de mes lèvres étonnées!

Moi, je t'écoute, un autre te voit,
d'autres te comprennent à peine . . .

Charles Van Lerberghe.

APPENDIX

... O parole née
d'un souffle et d'un rêve
et qui t'élèves
de mes lèvres étonnées!

Moi, je t'écoute, un autre te voit
d'autres te comprennent à peine ...

Charles Van Lerberghe

1

NOCTURNO

¡Noche confusa, honda y verde!
¡Qué gran belleza celeste!
Parece
que está Dios dudando hacerse
presente.
Parece
que el cielo quiere romperse,
de una vez, ser, libremente,
como un corazón alegre,
lo que esconde desde siempre,
desnudarse hasta sus mieles
y darse entero, cien veces.
¡Parece
que las luces indelebles,
rotas en millones de [equis],
van a hacerse
una sola luz, por siempre!

2

¡Qué trabajo me cuesta,
casa, arrancar de ti,
cortar estas raíces infinitas
que me aprisionan a tu tierra pura!

Cuando estoy en ti, en paz,
¡qué libre me parezco,
qué leve me pareces!
¡Ay, mas si voy a irme,
qué prisionero yo y tú qué fuerte!

NOCTURNE

Confused night, deep and green!
What large, heavenly beauty!
It seems
God is willing to make himself
present.
It seems
the sky wants to break
all at once, become, freely,
what it has always hidden,
undress all the way to its honey
and surrender itself completely, a hundred times.
It seems
as if the indelible lights,
splintered in a million X's,
are about to become
a single light, for ever!

How hard it is for me,
home, to part from you,
to cut these infinite roots
that imprison me to your pure soil!

When I am in you, at peace,
how free I feel,
how light you seem!
But if I am about to leave
how much of a prisoner I am and you so strong!

¡Oh jaula voluntaria,
nido sobre lo eterno,
faro de guías puras,
remanso solo, fuente recojida
de aguas de eternidad
casa mía divina de mi alma!

3

¡No es, balcón, desde ti, ni desde ti, mujer,
ni desde vosotros, mar,   , jardín,
desde donde yo, májico, he de ver, un día, el día solo;
sino desde mi obra conseguida!

4

En uno, cielo o mar, el mar y el cielo,
cual tú, corazón mío,
y el amor.
            Pero ¿se tienen ellos?,
di, ¿se sienten?

    El cielo ¡corazón! nada es del mar
aun cuando haga ola su llanto.
El mar ¡amor! nada es del cielo
aunque le ponga sueños, blancos
o negros como nubes.

262

(*continued*)

O voluntary cage,
nest upon the eternal,
lighthouse of pure signs,
solitary backwater, hidden spring
of eternal waters,
divine home of my soul!

3

It is not from you, balcony, nor you woman,
nor you sea, garden,
that I, magician, will one day see the day alone,
but from my finished work!

4

They will be one, sky or sea, sea or sky,
like you, my heart,
and love.
        But do they have each other?,
please, tell me, do they feel each other?

The sky, heart, has nothing in common with the sea
even when its cries make waves.
The sea, love, has nothing in common with the sky
even when it gives dreams to it, white
or black, like clouds.

(*continuación*)

En uno, para ti, corazón mío,
mar y cielo.
En uno tú, mi amor, conmigo, para ellos,
cielo y mar.

5

Miré al naciente. Nada—dije—
viendo el gris asfixiante,
cerrado, liso de la tarde.
Nada—dije—, final y hastío.
Y me puse a pasear meditabundo
por mi cuarto sonoro
como en una antesala de la muerte.

De pronto
miré por las ventanas del ocaso.
¡El cielo estaba abierto, fresco y puro,
en verdes claros y en chorreantes oros,
en una prodijiosa claridad
—que nadie hubiese visto sin mirar—
de afán y vida!

(*continued*)

They will be one for you, my heart,
sea and sky.
You and I will be one in me, for them, my love,
sky and sea.

5

I looked at the East. Nothing,—I said—
on seeing the asphyxiating gray,
closed, plain evening.
Nothing,—I said—finality and boredom.
And started to walk up and down in my sounding room
in deep thought
as if I were in the antechamber of death.

Suddenly
I looked through the western windows.
The sky was open, fresh, pure,
with clear greens and gushing golds
in a prodigious clarity
—that no one could have seen without looking—
of desire and life!

6

LA MUERTE

¡Ay, cómo miras,
detrás de mí, callada, fija,
al cielo inmenso, muerte mía!
¡Qué fría, qué insensible
a mis emanaciones claras, puras,
fogosas!

　¡Muerte, te siento dentro,
lo mismo que una estaca,
que me clavaras en el suelo;
como su asta fatal una bandera
desplegada y ardiente!

7

Madres, que nada habéis sabido
de mí; de quienes nada supe yo;
madres de madres mías,
en quienes morí un poco,
con quienes soy, un poco, deudo, bajo tierra,
que nacisteis, un poco, en mí, de nuevo,
que estáis, un poco actuales en mis horas;
madres; ¡qué vidas y qué muertes estas nuestras
tan sin alas en brazos,
tan sin ojos en bocas,
de un secreto deshecho tan sin acierto,
tan sin verdad de amor ¡ay! de nosotros!

6

DEATH

How you look
behind me, in silence, fixed,
towards the immense sky, my death!
How cold, how insensitive
to my clear, pure
emanations of fire!

Death, I feel you within
like a stake nailed
to my own soil;
like the fatal shaft of
a flag, open and burning!

7

Mothers who have known nothing about me;
of whom I knew nothing;
mothers of my mothers
in whom I died a little,
to whom I am in debt, a little, underground,
who were born in me, a little, again,
who are present, a little, in my hours;
mothers; what lives and deaths are ours,
without wings on our arms,
without eyes in our mouths,
a secret broken without any truth,
any truth of love, from us!

¡Que viva muchos años todavía
—y yo, para pagarle
todo, con moneda
de luz de oro!

       . . . Para que la rosa
de sus horas de ocaso
= sol bello del poniente
contra luna angustiada del oriente =
mande una hoja con sol alegre y puro
= pajarito contento =
sobre cada minuto negro, triste, agrio,
de su mañana y de su tarde sombra,
de la flor de mi vida, ¡ay!—

  ¡Sí; que sea mayor su edad postrera
que su juventud toda, que su estío
y su otoño! ¡Invierno blanco, pero blanco
de paz, de luz, de amor, de fe,
de gloria humana; puente
de cristal puro,
de esta orilla suave
a la otra orilla, acojedora y bella
en jemela hermandad de paz y luz!

LEVEDAD

(Ciudades)

El visillo,
en la quietud augusta y el silencio
de la tranquila madrugada,
se mueve, dulce, al aire vago . . .

Let him yet live for many years
—and I, that I may pay
him everything with a coin
of golden light!
             . . . So that the rose
of his setting hours
—beautiful sun of the sunset
against the anguished moon of the East—
may send a leaf with joyful and pure sun light
—happy little bird—
on any minute that becomes black, sad, sour,
in the shadow of this morning and evening
of the flower of my life!

Yes, let his late age be larger
than his whole youth, his summer
and autumn! A white winter, white with
peace, light, love, faith,
human glory; bridge
of pure crystal
from this benign shore
to the other shore, welcoming, beautiful,
in twin fraternity of peace and light!

LIGHTNESS

(Cities)

The sheer curtain
in the august quietude and silence
of the peaceful morning
moves, sweetly, in the random air . . .

LEVEDAD (*continuación*)

—¡Instante hermoso
que hermanas a los vivos con los muertos,
que los confundes = no se sabe
quién está muerto, ni quién vivo =
en una misma intensidad de aliento!
. . . Todo el mundo está muerto, o todo
vivo.—

Y el aire vago de la madrugada
mueve el visillo blanco
de mi ventana abierta . . .

                —Parece
este moverse del visillo
la vida universal, todo el aliento
de la tierra, la fuerza
que resta, sola,
del ímpetu del astro, su ruido
por su órbita celeste.—

Y se mueve
el visillo,
al aire vago de la madrugada,
blanco . . .
—¡Plenitud de lo mínimo,
que llena el mundo, y fija
el pensamiento inmenso,
en su vaguedad = hoja
que cae, gota
que brilla,
olor que pasa . . .!—

Y el visillo,
azul ya su blancura
—ha pasado la noche,
mirando yo su vaguedad movida—,
se mueve, dulce, aún, al aire vago.

—Beautiful instant
of fraternal union of the living with the dead,
confusing, it is difficult to know
who is alive, who dead,
in one equal intensity of breath!
. . . The whole world is dead, or the whole
alive.—

And the random air of morning
moves the sheer, white curtain
of my open window . . .
                              —This moving
of the sheer curtain looks like
universal life, the whole breath
of the earth, the strength that by itself
removes from the pull of the stars
the noise of their
celestial orbit.—

And the sheer curtain moves
to the random air of the morning,
all white . . .

—Plenitude of the small,
filling the world and fixing
immense thought
in its vagueness, leaf
that falls, drop that shines,
scent that passes . . .!

And the sheer curtain,
its white now blue
—night has already passed,
as I look at its moving vagueness—,
moves sweetly, still, to the random air.

¡Estos instantes
en que no estamos donde estamos
sino donde estuvimos,
en que quisiéramos, mejor
que vivir nuevas horas,
revivir las pasadas!
¡Como primeras muertes,
con la nostaljia
de la resurrección!

EL PRESENTE

¡Cómo me siguen
en fila interminable
todos los yos que he sido!
¡Cómo se abre el ante mí
en infinita fila
para todos los yos que voy a ser!
¡Y qué poco, qué nada soy yo
este yo, de hoy
que casi es de ayer,
que va a ser todo de mañana!

Those instants
when we find outselves not where we are
but where we were,
where we would like to be, rather
than live new hours
relive those that have passed!
Just like the first deaths,
with the nostalgia of
the resurrection!

THE PRESENT

How they follow me
in an unending line
all the Is I have been!
How the I before me opens up
in an infinite line
for all those Is I am going to be!
And how little, how nothing I am,
this I of today
who is almost yesterday
and who is going to be all of tomorrow!

¡Qué difícil entrar
cada segundo, en esta ruedecilla
rápida, leve, que ardería en prisa,
la rueda grande, lenta, que yo ansío
en cuya vuelta cabe el universo!

La intelijencia pone
sobre el instinto
su capa blanca de cuidada nieve,
y piensa, fría,
que la oración es blanca.

　　¡No, el que suplica
—debajo, y otra cosa—
verde, rojo, arraigado, es el instinto!

¡Poetas dormidos, niños
dormidos, cenizas con rescoldo
dentro, rojos de chispas, como el centro
de una tierra!
¿No seremos los hombres
una enfermedad
de la tierra desnuda y viva
que ella se sacude
con terremotos, vientos, fuegos,
tormentas?

How difficult it is to enter
each second this tiny wheel,
quick and light, that would burn in haste
the large, slow wheel that I desire
and in whose turning there is room for the whole universe!

Thought lays over
instinct
its white cape of cared-for-snow
and thinks, coldly,
that prayer is white.

Not so, for the one who supplicates
—below and something else—
green, red, rooted, is our instinct!

Sleeping poets, sleeping
children, ashes with embers
within with red sparks like the center
of the earth!
Might we not be
a sickness
of the earth, naked and alive,
that the earth shakes
with earthquakes, winds, fires
and storms?

Hormiguero de horas,
cada una con su nota,
que al corazón dejáis vibrando
lo mismo que un piano,
¿cuál será de vosotras la que diga un día
—oh melodía íntima—
mejor, toda esta bella vida mía?

Volando, me perdí. Y era tan bello
aquel paraje ignoto
que se quedó mi alma
pegada en su imán puro de oro y brisa.
Nada llegaba allí. La flor moría
en plena castidad. El agua no era
manchada en su nacer frío. Las hojas
se hacían amarillas sin más ojos
que los del cielo.
        El sol
se iba cayendo. Una luz única
de un rosa inespresable contajiaba
mi alma perdida, en la rosada decadencia
de todo. Mi memoria
se me había perdido entre mis alas
y todos los caminos
salían sólo a mí.
           ... Pero ¿me veis?
Si yo, volando, me perdí ...

15

Anthill of the hours,
each with its note
that leaves the heart vibrating
like a piano
which one of you will one day proclaim
—O intimate melody—
best, all this beautiful life of mine?

16

Flying I became lost. But the landscape
was so beautiful though unknown
that my soul stayed there
magnetized by a golden wind.
Nothing reached there. The flower died
in perfect chastity. Water did not become dirty
at its cold birth. The leaves became yellow
with no other eyes to watch them than
those of the sky.
         The sun
was already setting. A unique light
from an inexpressible rose was invading
my soul, lost in the pink decadence of
things. My memory had become lost
between my wings
and all roads led only to me.
                . . . But can you see me?
I became lost as I flew.

¡Tu flor, cómo embalsama,
corazón mío, todo esto;
cómo, tierna y desnuda,
anda, intacta, entre todo,
dejando en todo su terneza!
¡El mar se para en ti y el rayo
no te hiere, no te ciega
la aurora ni la noche enlutece,
ni el sueño te disuade
de tu verdad de aquí, corazón mío!
¡Igual que un niño que no puede nada,
lo puedes siempre todo!

No, se perderá. Lo que yo he dicho
bien, está ya en la vida
para siempre.
Como la norma de una rosa
que ha llegdo a sí misma,
para todas las rosas venideras . . .
Perdidas las palabras
al viento del olvido,
un día, de otra lira
florecerá la estrofa
idéntica a la mía deshojada . . .

My heart, your flower,
fills these things with scent;
tender and naked
it walks, untouched, through everything,
leaving its tenderness upon everything!
The sea stops in you and lightning
does not harm you, the dawn
does not blind you, nor night
covers you with grief,
nor does sleep separate you
from your truth of this world, my heart!
Like a child unable to do anything
you are capable, always, of everything!

No, it will become lost. That which I have
said well is already in life for ever.
Like the idea of a rose
that has itself become a rose
for all the roses to come . . .
If my words are lost
in the winds of forgetfulness,
one day, from another lyre
poetry identical with mine
will bare a new flower . . .